Irene Vasco

Ilustraciones de
Daniel Gómez Henao

Sudamericana

Para Juanita,

cómplice de vuelos por el universo

Contenido

Invitación	8
La infancia de Antoine de Saint-Exupéry	10
Asteroides	14
El cielo estrellado	16
París, 1900	18
Volar	20
Aviones en el siglo XX	24
Los mapas	28
El desierto	30
Chismes americanos	34
Las cartas	38
La amistad	44
Los accidentes	46
Honores recibidos por Saint-Exupéry y por *El Principito*	50
Sobrevuelo por los lugares donde vivió Saint-Exupéry...	52

Invitación

"Sobre el planeta del Principito, como sobre todos los planetas, había buenas y malas hierbas. Y, por lo tanto, semillas buenas de hierbas buenas y semillas malas de hierbas malas. Pero las semillas son invisibles. Ellas duermen en el secreto de la tierra hasta que a alguna le da la fantasía de despertar... Entonces se despereza, tiende tímidamente hacia el sol una pequeña y hermosa ramita inofensiva. Si es una ramita de rábano o de rosal, uno puede dejarla brotar como se le antoje. Pero si se trata una planta mala, es necesario arrancarla de inmediato, tan pronto como uno la reconoce."

¿Sabes dónde queda el Asteroide B 612? ¿Tienes alguna idea de cómo llegar?

Si no lo sabes, por favor no me preguntes a mí. Yo tampoco he podido descubrirlo, a pesar de haber leído muchas veces, a lo largo de la vida, *El Principito*, de Antoine de Saint-Exupéry, el libro donde aparece este misterioso lugar.

Buscando, buscando, tratando de despejar este misterio, no sólo he leído este libro, también he recorrido las demás obras de su autor. Me he sumergido en textos sobre estrellas, planetas y asteroides, con la esperanza de visitar a este entrañable personaje que me ha hecho soñar desde siempre.

Ahora, ya abuela, sigo dando vueltas alrededor de *El Principito*. Vuelvo a pasar sus páginas, aunque mis lecturas son diferentes a cuando era niña, adolescente o joven. En ese entonces me maravillaban las aventuras de un aviador y un niño en el desierto. Luego me conmovían los lazos de amistad expresados a lo largo y ancho de los capítulos. Más adelante quería desentrañar los símbolos que se escondían en cada frase. Actualmente, lo que me fascina es el vínculo entre *El Principito* y la vida de su autor, el francés que nació con el siglo XX, y que murió en plena Segunda Guerra Mundial.

Después de seguirle la pista a Antoine de Saint-Exupéry, entendí que *El Principito*, su libro más conocido, tiene que ver con las múltiples experiencias que vivió el autor: Saint-Exupéry fue escritor, aviador, director de servicios postales, rescatista de viajeros perdidos, bohemio, enamorado... Esta vida tan intensa le ayudó a expresar de manera poética la naturaleza humana.

Como puedes ver, leer *El Principito* es leer el mismo libro de muchas maneras distintas. Es un libro que comienza a leerse en la infancia, y que se sigue leyendo a lo largo del tiempo. Es decir, es una obra inagotable.

Lo mejor es que de *El Principito* uno brinca a otros libros: la curiosidad que se despierta es tan grande, que uno pasa de las novelas de Saint-Exupéry a muchas páginas sobre descubrimientos, tecnología, aviación, desiertos, cartas, mapas. Por eso, insisto, leer *El Principito* es apenas el comienzo de una gran aventura que no tiene fin. Siempre encontrarás rutas personales para llegar al Asteroide B 612.

Eso sí, te recomendamos no quedarte a vivir allí. Hay una rosa con espinas, volcanes que pueden hacer erupción, vientos que pueden resfriarte y, de pronto, si te descuidas, hasta podría atacarte un tigre. ¡Qué tal!

La infancia de Antoine de Saint-Exupéry

¿Alguna vez te has preguntado cómo era la vida de una familia aristócrata de principios del siglo XX en Francia? Tendrías palacios enteros para jugar, grandes haciendas para recorrer a caballo, institutrices que te enseñarían idiomas. ¡Ah, y biblioteca, lujo que sólo los ricos podían darse! En fin, tu vida sería muy diferente a la de hoy en día, en pleno siglo XXI.

> "Entonces me aconsejaron que dejara de dibujar boas abiertas o cerradas y me dedicara al estudio de la geografía, la historia, el cálculo matemático y la gramática. Y así, a la edad de seis años, renuncié a una magnífica carrera de pintor. Me habían desalentado el fracaso del dibujo número 1 y el del dibujo número 2. Las personas mayores nunca comprenden nada, y los chicos se cansan de tener que explicarles todo una y otra vez."

Antoine Jean-Baptiste Marie Roger de Saint-Exupéry, mejor conocido como Antoine de Saint-Exupéry, vivió su primera infancia en los palacios familiares, rodeado de lujos y bienestar, pues su padre descendía de la nobleza.

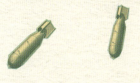

Saint-Exupéry nació cuando todavía no se había realizado el primer vuelo con motor en el mundo. Durante su vida luchó en dos guerras mundiales y fue testigo del desarrollo de la aviación y de otros descubrimientos que cambiaron el mundo.

Los animales y la vida del campo le fascinaban; en cambio, no se sentía a gusto en el colegio. Solamente le interesaban la literatura y las artes. Escribía poemas y editaba un periódico escolar. ¡Quién sabe qué noticias publicaría, porque pronto sacerdotes del colegio lo prohibieron!

Las notas de Antoine no eran buenas, pero como le encantaba escribir, ganó un premio de escritura. Pasó por distintos colegios y por fin se graduó de bachiller, eso sí, con notas poco brillantes.

Los hermanos Saint-Exupéry pasaban las noches de invierno inventando obras de teatro que escribían, montaban y presentaban en familia. Desde esa época, Antoine dibujaba y diseñaba escenografías para las presentaciones. ¿Te imaginas a Saint-Exupéry, ese piloto que luchaba en las guerras, disfrazado de rey o de villano?

La hermana mayor, Marie-Madeleine, llamaba a Antoine "el rey Sol", porque tenía el cabello rubio y ensortijado. ¿Se parecería al Principito?

A los doce años, durante las vacaciones, Antoine, que estaba obsesionado con la idea de volar a pesar de que los aviones apenas se estaban inventando, se escapó a un campo de entrenamiento aéreo cercano al castillo donde vivía. Dijo que tenía permiso de su madre para volar y el piloto lo llevó en un Berthaud-Wroblewski. Este fue su bautizo aéreo. ¿Lo castigaría su madre? ¿Qué crees?

En 1917, la muerte de su hermano François lo conmovió profundamente. Al caer la noche, cuando el joven supo que pronto moriría, llamó a Antoine a su habitación y le dio sus últimos regalos: su bicicleta y una carabina. En medio del dolor, Antoine le tomó una foto a su hermano en el lecho de muerte.

La vida en un palacio europeo de la época significaba tener una biblioteca. No en todas las casas había libros. Podemos imaginar a los niños Saint-Exupéry leyendo a Julio Verne, el exitoso escritor francés que murió cuando Antoine tenía cinco años, dejando una gran colección de novelas visionarias sobre universos futuros. Por ejemplo, *Veinte mil leguas de viaje submarino* o *Viaje al centro de la Tierra* seguramente dejaron huellas en la imaginación del futuro escritor de libros de aventuras. Me atrevo a apostar que el libro favorito de Antoine era *Cinco semanas en globo*.

Asteroides

Tú, como yo, vivimos en el planeta Tierra. Sabemos que este es apenas un minúsculo punto en el universo. También sabemos que, al igual que otros planetas, giramos alrededor del Sol. Lo que tal vez no sabes es que los antiguos griegos nombraron los días de la semana en homenaje a algunos de estos planetas que a veces podemos apreciar a simple vista. Por ejemplo, el día martes se llama así en honor a Marte. El jueves es en honor a Júpiter. ¡A que no adivinas cuáles son los planetas del resto de la semana!

"Tengo fundadas razones para creer que el planeta de donde venía el Principito era el asteroide B 612. Este asteroide sólo fue visto una vez por telescopio, en 1909, por un astrónomo de Turquía. Este astrónomo hizo una gran exposición de su descubrimiento en un Congreso Internacional de Astronomía. Pero nadie le creyó a causa de su traje típico. Las personas mayores muchas veces son así."

Antes de aterrizar en la Tierra, el Principito vivía en un asteroide, el B 612 para más señas. ¿Sabes qué son los asteroides? Son gigantescas piedras espaciales. Aunque giran alrededor del Sol, no tienen el tamaño de los planetas. A veces un pedazo de estas piedras se sale de su órbita y cae en la Tierra. ¡Qué tal que te cayera en la cabeza! ¡Ayayayayay!

Desde hace años, los científicos estudian pedazos de asteroides que han caído en la Tierra. Algunos creen que la vida de nuestro planeta pudo empezar con las bacterias llegadas del cielo a través de una de estas rocas. Otros creen que, bajo los minerales de la superficie de los asteroides, hay agua. Es tanto el interés por estas enormes piedras celestiales, que el programa espacial NASA ha lanzado una nave para estudiar la composición del asteroide Bennu. ¿Será vecino del B 612? Si lo es, el Principito podría regresar a la Tierra cómodamente instalado en el OSIRIS-REx. Ojalá lo veamos de nuevo por estos lados.

Scott Kelly nació seis minutos más tarde que su hermano gemelo. Después de pasar un año en el espacio como astronauta de la NASA, regresó a la Tierra algunos centímetros más alto y unos segundos más joven que su hermano idéntico. ¿Quieres rejuvenecer? Sólo tienes que vivir en el espacio durante un buen tiempo. Eso sí, aunque la idea parece buena, también regresarás con dolores en el cuerpo y pérdida de visión. No todo es perfecto cuando abandonamos nuestro querido planeta Tierra.

El cielo estrellado

¿Alguna vez has pedido un deseo al ver una estrella fugaz? ¿Se han cumplido estos deseos? Son tantas las estrellas fugaces que caen en una lluvia, que habría que preparar listas completas para no desperdiciar ni una. ¿Qué deseos incluirías en tu lista durante una lluvia?

> —Las estrellas de la gente no son nunca las mismas. Para unos, los que viajan, las estrellas son guías. Para otros, las estrellas no son más que lucecitas. Para otros, los sabios, las estrellas son problemas. Para mí, Hombre de Negocios, ellas representan oro. Pero todas esas estrellas se callan. Y tú, tú tendrás estrellas como nadie tiene...
> —¿Qué quieres decir?
> —Cuando mires el cielo, por la noche, como yo viviré en una estrella, como yo reiré en una estrella, para ti será como si rieran todas. Sí, tú tendrás estrellas que saben reír.
> Y rio una vez más.

¿Sabías que las estrellas fugaces no existen? Esas bellas y efímeras apariciones que vemos en las noches son meteoros, es decir, partículas de cuerpos celestes que atraviesan la atmósfera.

Las lluvias de estrellas, es decir de meteoros, se ven más en algunos lugares del mundo y hay fechas especiales en las que abundan. Averigua dónde y cuándo habrá una lluvia de estrellas cerca de ti. Luego anota todos los deseos que vas a pedir. Ah, y no olvides llevar un paraguas por si acaso, pues nunca se sabe qué puede pasar cuando uno persigue lluvias... aunque sean de estrellas.

A propósito de astrología, ¿sabes cuál es la diferencia entre astrología y astronomía? La primera es la que estudia los horóscopos. Los humanos, locos por conocer nuestro destino y saber lo que existe en el más allá, buscamos en las estrellas respuestas a lo desconocido. Muchas culturas, como la china, la griega, la hindú, y la maya, han interpretado a su manera las lecturas celestiales.

Para nosotros, lo más corriente es clasificarnos con signos como Acuario, Libra, Escorpión o Aries. Unos dicen que los Tauro son los más tercos, dulces y gordos de los humanos. Otros creen que los Piscis son etéreos, que no aterrizan y que siempre parecen estar en la luna... o en el fondo del mar. Los astrónomos leen las mismas estrellas que los astrólogos, pero de manera distinta. Observan las constelaciones, estudian los cambios en los cuerpos celestes con telescopios gigantes, predicen los eclipses y anticipan los cambios climáticos.

Los viajeros han contado desde siempre con las estrellas para guiarse en sus travesías. Magallanes, el gran navegante que atravesó del océano Atlántico al océano Pacífico a principios del siglo XVI, se orientaba con la Cruz del Sur para que sus naves no se perdieran. Si algún día vas a Tierra del Fuego, llegarás al estrecho de Magallanes y, si la noche está despejada, verás la Cruz del Sur en todo su esplendor.

París, 1900

Buena parte de lo que hoy te parece cotidiano, como si siempre hubiera existido, fue inventado hacia 1900. Por ejemplo, la aspiradora, la lavadora, la máquina de escribir, el helicóptero y el aire acondicionado. Ahora, en pleno siglo XXI, deben quedar mil y un inventos por descubrir. Te invito a que pienses en algo que ayude a la humanidad a mejorar los graves daños de la contaminación. Así pasarás a la historia en la lista de los grandes inventores.

"Cuando enciende su farol, es como si encendiera una estrella o una flor. Cuando apaga su farol, es como si pusiera a dormir a una flor o a una estrella. Es una ocupación muy hermosa. Y verdaderamente útil, porque es bella.

Tan pronto como aterrizó en aquel planeta, el Principito saludó respetuosamente al Farolero.

—Buenos días. ¿Por qué apagas tu farol?
—Es la consigna —respondió el Farolero.
—¿Qué consigna?
—Apagar mi farol. Buenas noches.

Y volvió a encenderlo.

—Pero ahora ¿por qué lo encendiste?
—Es la consigna —respondió el Farolero."

París, año 1900. Fin de siglo agitado. La Gran Exposición Universal se toma la ciudad. Inventores de todo el mundo exponen sus descubrimientos.

La gente pasea por las calles a pie, a caballo, en bicicleta o en barco, por el río Sena. Los coches se multiplican y la primera línea del metro es inaugurada.

¡Qué agitación! Hasta hay un andén móvil, novedosa atracción, que camina por uno y lo lleva a otras partes sin tener que moverse. ¡Increíble, inconcebible, pasmoso, insólito! El desarrollo de la humanidad en pleno...

A finales del siglo XIX, las calles de París se alumbraban con faroles de gas. Los artesanos se esforzaban por crear bellos candelabros y hermosos briseros de cristal para proteger la llama de la brisa. Los faroleros tenían que prenderlas cada tarde y apagarlas cada mañana. ¿Te gustaría ser farolero y pasear de lámpara en lámpara todos los días?

Entre las figuras de París, 1900, encontramos a Thomas Alva Edison, el norteamericano que desarrolló algunos inventos que cambiaron la historia de la humanidad: el telégrafo, el fonógrafo, las cámaras de cine, y los bombillos. ¿Qué haríamos en el siglo XXI sin los hallazgos de Edison?

Para que conozcas sus habilidades de camarógrafo, te recomendamos ver las escenas que grabó en París con la máquina inventada por él mismo. Es algo maravilloso, y lo puedes encontrar con este código, al alcance de un clic.

Volar

Respirar bajo el agua o volar han sido sueños de los hombres a lo largo de la historia. Pero, como bien sabes, nuestros cuerpos no están diseñados para algo así. Sin embargo, somos tercos y no nos conformamos con ver a otros seres vivos haciendo algo que no podemos, y entonces tratamos de imitarlos. Te desafío a batir los brazos durante horas y horas, a ver si logras elevarte, aunque sea un milímetro del suelo.

"Se elevaba poco a poco en espiral, por el interior del pozo que se había abierto y que se cerraba de nuevo a sus pies. A medida que ascendía, las nubes perdían su cenagosa oscuridad, pasaban contra él, como las olas cada vez más puras y blancas."

(De *Vuelo nocturno*)

Una de las más antiguas historias de vuelos es la de Ícaro. Según la mitología griega, Ícaro y su padre Dédalo estaban atrapados por el terrible Minotauro en la isla de Creta. Dédalo fabricó un par de alas para cada uno, usando plumas de ave y cera. Luego le advirtió a su hijo que no volara muy alto porque, si se acercaba mucho al sol, la cera de las alas se derretiría. Ícaro no obedeció... y, por supuesto, perdió las alas y cayó al mar. ¡Todo por darle un amable saludo al sol!

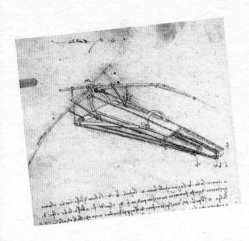

Muchos, muchísimos siglos más tarde, por el tiempo de la llegada de los europeos a América, el increíble pintor, inventor, ingeniero y botánico, Leonardo da Vinci, diseñó máquinas voladoras que, hasta cierto punto, serían las antecesoras de los modernos helicópteros. Da Vinci nunca voló, ¡pero ganas no le faltaron!

Hacia 1670, el sabio sacerdote italiano Francesco Lana, también soñó con volar. No lo intentó, pero sí dejó el diseño de una especie de barco volador, con vela y remos. De todas maneras, Lana prefería que nunca se fabricara una máquina así, porque serviría para hacer la guerra y él era un hombre de paz.

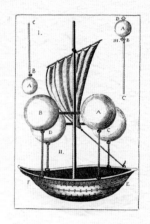

Otro siglo más adelante, en 1783, los hermanos Montgolfier, franceses, hijos de un fabricante de papel, se pusieron a jugar con las bolsas que su padre hacía. Aunque se dice que los niños no juegan con fuego, ellos lo hicieron y ¡descubrieron los globos aerostáticos, es decir, globos impulsados por aire caliente! En la corte de Luis XVI, en Versalles, elevaron su globo con un pato, un gallo y un cordero dentro. Luego hicieron el primer vuelo tripulado por humanos. ¿Te habría gustado volar con estos animales hasta las nubes?

De ahí en adelante, todo fue más rápido. El francés Jean Pierre Blanchard, inventor del paracaídas y el primero en atravesar el canal de la Mancha en un globo, murió en uno de sus vuelos. Entonces, su esposa, Sophie Blanchard, que solía acompañarlo, siguió sola y se convirtió en la primera mujer aeronauta. Lo triste es que ella también fue la primera mujer accidentada en un vuelo. Durante una exhibición en París, su globo se estrelló contra un edificio y se incendió. Algunos escritores, como Julio Verne y Dostoievski, le han hecho homenajes en sus obras.

Cuando Saint-Exupéry nació, en 1900, todavía ningún hombre había volado en avión. Los norteamericanos Wilbur y Orville Wright, que fabricaban bicicletas en una pequeña ciudad de Ohio, fueron los primeros. En 1903, en un planeador, una especie de estantería de tablas, Orville elevó la máquina durante un minuto y atravesó 220 metros. ¡Toda una proeza! Estos hermanos habían logrado mantener en el aire la estabilidad de la máquina y dirigirla con un timón. Desde entonces, todo fue rápido y relativamente fácil.

Mientras en Norteamérica los hermanos Wright desarrollaban y patentaban sus inventos, en Francia, el brasileño Alberto Santos Dumont volaba sus propias naves. Por eso, con frecuencia, se le considera "el padre de la aviación".

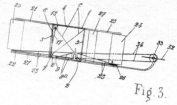

¿Alguna vez has pensado en los espectadores que miraban en tierra a los intrépidos hombres voladores? Con cierta frecuencia ocurrían accidentes en el aire. Como los pilotos eran personas experimentadas, lograban sobrevivir. En cambio, más de una vez, los aviones atropellaban a la gente que miraba y las hélices les producían graves heridas. Así que, en los accidentes aéreos, ¡morían más personas en tierra que los que volaban!

Podríamos contarte muchas historias de naves voladoras: dirigibles, velocípedos aéreos, monoplanos, entre otras. Hay libros muy hermosos y miles de páginas de Internet con imágenes y explicaciones para que sigas tus búsquedas.

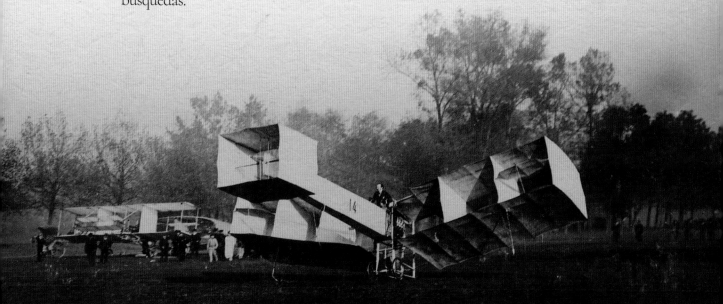

Aviones en el siglo XX

Viajar de un lugar a otro de la manera más rápida posible y encontrar nuevos mundos ha sido un sueño humano vuelto realidad. La historia de los aviones en el siglo XX es una de las más apasionantes aventuras de la humanidad.

> "Así fue como viví solo, sin nadie con quién hablar verdaderamente, hasta que tuve un accidente en el desierto del Sahara, hace ya seis años. Algo se había roto en mi motor. Y como no llevaba a bordo ni mecánico ni pasajeros, me dispuse a intentar, solo, una reparación difícil. Era una cuestión de vida o muerte. El agua que llevaba me alcanzaba para ocho días."

Cuando los aviones apenas se estaban inventando, el periódico inglés *Daily Mail* organizó un concurso en 1909. El premio era fantástico: 1.000 libras esterlinas de la época. ¡Era toda una fortuna!

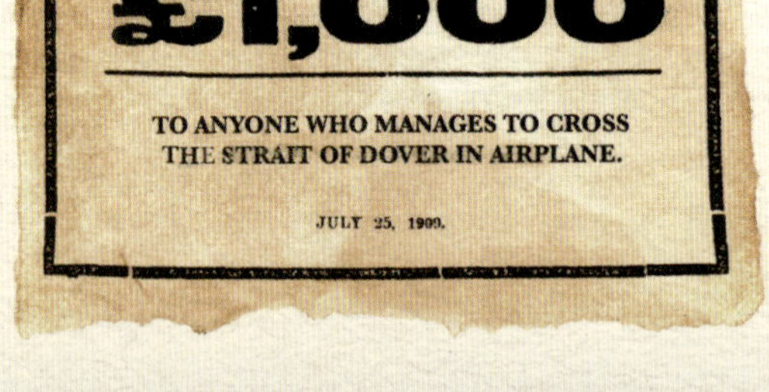

Daily Mail
COMPETITION FLY
BIG PRIZE
£1,000
TO ANYONE WHO MANAGES TO CROSS THE STRAIT OF DOVER IN AIRPLANE.
JULY 25, 1909.

El concurso consistía en atravesar el canal de la Mancha, de Inglaterra a Francia. Louis Charles Joseph Blériot, inventor francés, diseñó y construyó su propio avión y voló 64 kilómetros a una altura de 76 metros. Tenía que ir de Calais a Dover. En el camino se perdió porque aún no existían los instrumentos de navegación. Por fortuna, el viento lo empujó y pudo aterrizar con el motor apagado. Después de 37 minutos de vuelo, ¡Blériot ganó!

Louis BLÉRIOT

A partir de entonces se convirtió en fabricante de aviones y algunos de sus modelos fueron utilizados en la Primera Guerra Mundial. Por supuesto, se llamaban aviones Blériot. ¿Qué otro nombre podrían tener?

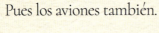

¿Cómo te llamas? ¿Andrés, Catalina, Gregorio, Samuel, Hortensia? Todos tenemos nombres para identificarnos. Pues los aviones también.

El primer modelo de los hermanos Wright se llamaba Flyer. El de Santos Dumont era el 14-bis. El avión del francés Farman era el Farman, por supuesto. En unos de estos modelos Farman, Antoine de Saint-Exupéry tomó sus primeras clases de piloto en 1921.

Si te inventaras tu propia máquina de volar, ¿qué nombre le pondrías?

Cuando volar se puso de moda, se hicieron necesarios los paracaídas. Tiempo atrás ya se habían probado algunos modelos para caer de los globos aerostáticos, pero no de los aviones. Los primeros en usarlos fueron los pilotos alemanes y los aliados, en 1918, durante la Primera Guerra Mundial.

Cuando vas al circo, puedes ver a los hábiles ciclistas dando vueltas alrededor de un aro. A veces saltan de sus bicicletas cuando están arriba y caen de nuevo en el sillín, cuando la bicicleta ha llegado a la parte inferior del aro.

Pues algo parecido le sucedió a un par de pilotos a principios del siglo XX, sólo que en pleno vuelo, en el aire, y sin las protecciones que tienen los circos. Grahame Donald y Louis Strange fueron los protagonistas de estas historias de buena suerte. Mientras volaban en esos aviones que parecían de juguete, hechos con palos, se salieron de sus sillas y cayeron al vacío, ¡sin paracaídas! En los dos casos, sus aviones siguieron volando sin piloto. Perdieron el rumbo, hicieron un círculo en el aire, y los hombres cayeron sobre ellos, salvándose de muertes seguras. Imposible negar que Donald y Strange tuvieron mayor suerte que los que se ganan la lotería, ¿no te parece?

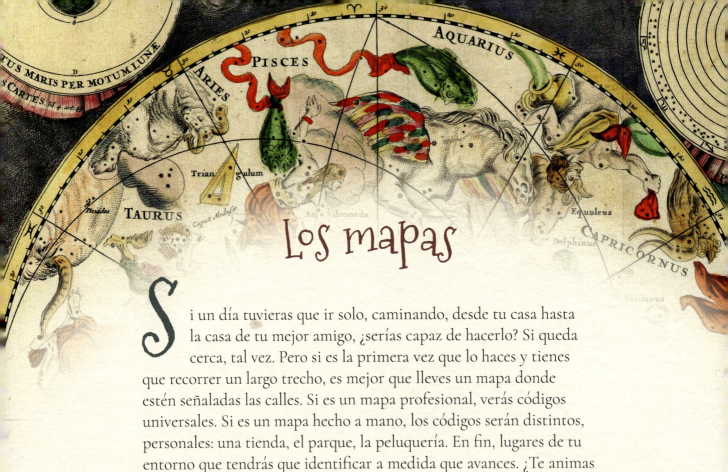

Los mapas

Si un día tuvieras que ir solo, caminando, desde tu casa hasta la casa de tu mejor amigo, ¿serías capaz de hacerlo? Si queda cerca, tal vez. Pero si es la primera vez que lo haces y tienes que recorrer un largo trecho, es mejor que lleves un mapa donde estén señaladas las calles. Si es un mapa profesional, verás códigos universales. Si es un mapa hecho a mano, los códigos serán distintos, personales: una tienda, el parque, la peluquería. En fin, lugares de tu entorno que tendrás que identificar a medida que avances. ¿Te animas a hacer un mapa del lugar en donde vives?

> "—Las geografías —dijo el geógrafo— son los libros más preciados e interesantes; nunca pasan de moda. Es muy raro que una montaña cambie de sitio o que un océano quede sin agua. Los geógrafos escribimos sobre cosas eternas."

Los mapas son representaciones en papel de lugares reales. Aunque se trate de montañas gigantescas o de océanos sin fin, en el mapa todo queda al alcance de la mano y de los ojos. Para hacer el mapa, debes conocer las medidas y dibujar a escala, es decir, con unas medidas simbólicas, siempre proporcionales. No todos los mapas son terrestres, también los hay celestes. Si en las noches miras hacia el cielo, verás el mapa que forman las estrellas. Estas jamás cambian de lugar y, a lo largo de la vida de la humanidad, han servido de guías, orientando a los viajeros.

A través de la historia, los mapas también han servido para delimitar las propiedades y las fronteras entre territorios y países. En el tiempo de los descubridores, los mapas eran auténticos secretos militares. Los reyes y los ejércitos los utilizaban para adueñarse, invadir, declarar como propias las tierras representadas en los mapas de papel.

Antoine de Saint-Exupéry habla de los mapas en muchos de sus libros. Es apenas natural, pues sus novelas tratan siempre de la aviación. Sin los mapas, los pilotos del siglo XX se habrían perdido entre nubes y estrellas hacia lo alto, y mares, montañas, ríos y valles hacia abajo. Actualmente hay radares y múltiples ayudas para que nadie pierda el rumbo, ni siquiera en las noches más oscuras.

Hay muchas leyendas en el mundo sobre tesoros escondidos por piratas. Estos mapas, aparentemente, eran hechos por los jefes, que obligaban a sus marineros a esconder los baúles con oro, plata y joyas robadas. Según se dice, después de dibujar el mapa para regresar por el tesoro, los jefes mataban a los marineros para que no divulgaran el secreto.

Muchos libros, para niños y para adultos, han contado sobre estos mapas. Mis favoritos son:

La isla de tesoro, de Robert Louis Stevenson, escrito en 1881. Es muy posible que Saint-Exupéry lo haya leído en su infancia.

El tesoro de Rackham el Rojo, una de las aventuras de Tintín, publicada en 1944, y que es la continuación de *El secreto del unicornio*.

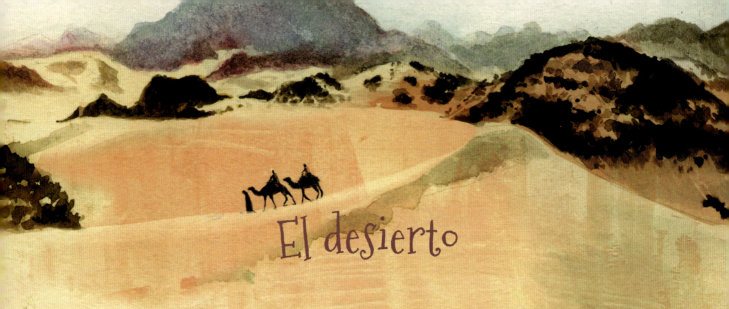

El desierto

¿Son verdaderamente desiertos los desiertos? Si averiguas un poco, verás que allí viven abundantes especies animales y vegetales. También encontrarás que los desiertos son habitados por grupos humanos que han aprendido a sobrevivir las temperaturas, a veces increíblemente altas, a veces muy bajas, de estos espectaculares lugares del planeta.

> —El desierto es hermoso —agregó. Y era verdad. Siempre he amado el desierto. Uno se sienta en lo alto de una colina de arena. No ve nada. No escucha nada. Y de repente, algo relumbra en el silencio...
> —Lo que hace hermoso al desierto —dijo el Principito— es que en alguna parte esconde un manantial.

Inmensidad. Arena. Sol. Oscuridad. Más arena, más sol, más inmensidad. Así es el desierto del Sahara. Pero también es mucho más. Es el escenario de hermosísimos atardeceres, de caravanas de beduinos, de ciudades incrustadas en las orillas de los oasis, de montañas de arena llamadas dunas, de macizos de piedra. En fin, la riqueza del gran desierto del Sahara

30

es indescriptible. Sus pobladores mantienen, en buena medida, sus culturas milenarias. En las ciudades siempre encontrarás mezquitas, minaretes y fuentes.

Este gran desierto está en el norte de África. Los nombres y los límites de los países del Sahara han cambiado a lo largo de los años. En la actualidad, el mapa nos indica que, hacia el oriente, están Egipto, Libia, Chad y Sudán. Del centro hacia el occidente, podemos pasear por Argelia, Níger, Malí, Marruecos, Sahara Occidental y Mauritania.

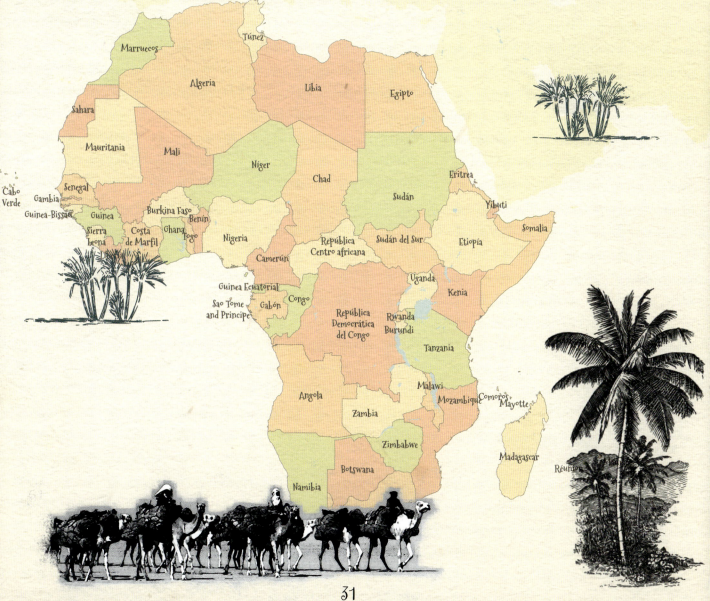

¿A cuál de estos países te gustaría ir? En todos ellos encontrarás lugares encantadores, conocerás a personas llenas de historias y probarás platillos suculentos, aromatizados con especias increíblemente sabrosas.

Como antes del siglo XX no había aviones, el correo viajaba en tren, a caballo, en barco. Con el desarrollo de la aviación, el mundo postal cambió. Saint-Exupéry, como buen piloto, aceptó misiones que hasta entonces pocos habían realizado. Una de ellas fue la de trabajar en el servicio de correo aéreo entre Francia y Marruecos, en el costado occidental del desierto del Sahara. Imagínate a estos pilotos valerosos, que volaban en naves sin techo, apenas con cascos y en ropa muy abrigada, dispuestos a llevar las cartas de ida y regreso. Era como para morirse del miedo, ¿no te parece?

Además de coordinar el servicio de correos, en ocasiones Saint-Exupéry tenía que rescatar en alguno de sus pilotos. Los accidentes en medio del desierto eran frecuentes. Cuando los aviones caían, estos hombres eran retenidos por los moros, habitantes del Sahara.

Para rescatarlos, Saint-Exupéry aprendió a hablar árabe. Tomaba té con los moros y se hacía amigo de ellos. Así lograba liberar a sus colegas pilotos. También aprendió a comer con las manos lo que servían en un gran plato colectivo. Al principio no entendía que todos comían del mismo plato, pero pronto se habituó.

En otras ocasiones, los pilotos quedaban heridos o se perdían entre la inmensidad de la arena. Si tenían buena suerte, lograban arreglar el avión o encontrar un oasis para no morir de sed mientras eran rescatados.

Chismes americanos

Una de las misiones de Antoine de Saint-Exupéry fue abrir estaciones de correo aéreo en América del Sur, en particular en Argentina. Durante unos pocos, pero intensos años, recorrió varios países del continente, donde vivió extrañas aventuras. Tal vez la más importante fue conocer en Buenos Aires a la salvadoreña Consuelo Suncín, con quien se casaría más adelante. Realmente fue ¡amor a primera vista y declaración en pleno vuelo!

> "Sin importancia. Mensajes regulares del servicio. Río de Janeiro pedía una información. Montevideo hablaba del tiempo, y Mendoza del material. Eran los ruidos familiares de la casa.
> —¿Y los correos?
> —El tiempo es tempestuoso. No oímos los aviones.
> —Bien.
> Rivière consideró que la noche aquí era pura, las estrellas brillantes, pero los radiotelegrafistas descubrían en ella el aliento de lejanas borrascas."
>
> De *Vuelo nocturno*

En 1929, Saint-Exupéry fue nombrado director de Aéropostale en Argentina. Su misión era inaugurar el servicio de correo aéreo entre distintas ciudades suramericanas. En aire y tierra, el piloto vivió momentos intensos, algunos fantásticos, otros dolorosos. Te contamos algunos, a manera de chismes.

Amor en el aire

En el cine es posible ver escenas de pedida de mano muy exóticas. Sin embargo, difícilmente superan la declaración que le hizo Antoine de Saint-Exupéry a Consuelo Suncín el día que la conoció.

Resulta que, en una recepción en la Alianza Francesa de Buenos Aires, un amigo en común le presentó a su amigo aviador esta bonita muchacha de San Salvador, Consuelo, que acababa de enviudar. En un primer momento, Saint-Exupéry fue un poco grosero y se burló del tamaño de la joven. Él era muy alto, ella era bajita.

Luego, para excusarse, la invitó, en plena noche, a subirse a su avión. Ella nunca había volado y durante un buen rato se negó. Al fin aceptó y, con otros amigos que iban en el puesto de atrás, se elevaron. El bromista Antoine comenzó a hacer piruetas en el aire para impresionarlos a todos, que gritaban que por favor aterrizara. En lugar de hacerlo, le pidió a Consuelo que lo besara y que se casara con él. Ella, entre gritos de miedo y risas por la situación, lo besó. Un año después ¡estaban casados!

¿No te parece cautivadora esta historia de amor?

Las princesas argentinas

Investigando la ruta para abrir una línea de vuelos entre Buenos Aires, Santiago de Chile, Asunción y la Patagonia, un día Saint-Exupéry tuvo que aterrizar de emergencia en Concordia, cerca del río Uruguay. La leyenda cuenta que, mientras reparaba su avión, se hospedó en un palacio que encontró por el camino. Ahí vivía la familia francesa Fuchs: el padre, la madre y dos niñas de 9 y 14 años.

Durante el tiempo que pasó con los Fuchs, Antoine de Saint-Exupéry vivió ratos felices con esas niñas que amaban los animales, la naturaleza, la libertad. Corrían, nadaban, conversaban, como si él también fuera un niño.

A su regreso, escribió sobre este fascinante encuentro y las niñas fueron llamadas las "princesas argentinas".

¿Verdad que es muy bonito este chisme?

Las cartas

Hace algún tiempo, no tanto como el que te imaginas, no había Internet ni correos electrónicos. Tampoco había teléfonos celulares y mucho menos mensajes instantáneos. Las comunicaciones se hacían con papel y tinta, y a veces tardaban meses en llegar a su destino. ¡¿Te imaginas que tus abuelos se enteraran de tu nacimiento cuando ya tuvieras tres o cuatro meses?! Pues eso pasaba a veces… hasta hace unas décadas.

> "A causa de las tormentas, para transmitir este telegrama a Buenos Aires, tuvieron que hacer la cadena de estación en estación. El mensaje avanzaba en la noche, como fuego que se enciende sucesivamente"
>
> De *Vuelo nocturno*

Hoy vamos a seguir el itinerario imaginario de una carta, en pleno siglo XX.

Digamos que estamos en el año 1930. Digamos que Antoine de Saint-Exupéry te quiere invitar a uno de sus primeros vuelos. Digamos que él vive en París, Francia, Europa. Digamos que tú vives a la orilla de un río, en la Patagonia, Argentina, América del Sur.

En primer lugar, tu amigo Antoine te escribe en un papel muy delgado, con una pluma de ganso que moja en un tintero. Pone mucho cuidado para que no se le manche la carta, usando papel secante. Su letra es muy bonita, redonda y clara.

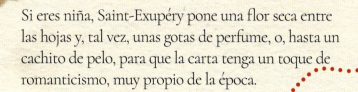

Si eres niña, Saint-Exupéry pone una flor seca entre las hojas y, tal vez, unas gotas de perfume, o, hasta un cachito de pelo, para que la carta tenga un toque de romanticismo, muy propio de la época.

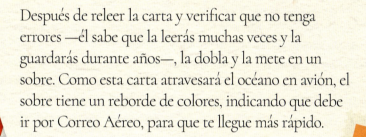

Después de releer la carta y verificar que no tenga errores —él sabe que la leerás muchas veces y la guardarás durante años—, la dobla y la mete en un sobre. Como esta carta atravesará el océano en avión, el sobre tiene un reborde de colores, indicando que debe ir por Correo Aéreo, para que te llegue más rápido.

Luego Antoine camina hasta la oficina postal. El encargado, detrás de una ventana, pesa la carta y cobra lo correspondiente. A cambio del dinero, entrega unas preciosas estampillas que se pegan al sobre, eso sí, sin tapar tu dirección y la del remitente, es decir la de Saint-Exupéry. Esto es importante porque, si por mala suerte no encuentran tu dirección, la carta regresará a su autor... después de meses y meses.

Ya con la carta dentro del sobre y las estampillas pegadas, Antoine va hasta un buzón cercano a su casa y lo mete por la ranura. A partir de este momento, sólo tiene que esperar tu respuesta, que puede tardar semanas. Cuando le escribas, es importante contestar sus cartas, él ya habrá vivido tantas aventuras que posiblemente habrá olvidado las que te contó en esta primera carta.

Si alguno de los dos tiene mucho afán, si hay una noticia urgente, en lugar de carta, será mejor que se comuniquen por telegrama.

Esta era otra forma de escribir noticias muy cortas, parecidas al Twitter de hoy. Se cobraba por letra, así que se ahorraban las palabras y los signos de puntuación, para que salieran más baratas. En ocasiones, se ahorraba tanto, que quedaban ilegibles, algo así como:

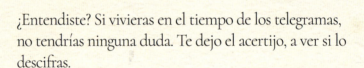

¿Entendiste? Si vivieras en el tiempo de los telegramas, no tendrías ninguna duda. Te dejo el acertijo, a ver si lo descifras.

Una vez la carta de Antoine de Saint-Éxupéry sale del buzón cercano a su casa, la carta que te escribió emprende su larguísimo camino. Recuerda que jugamos a que él vive en París y tú en medio de la Patagonia, en América del Sur.

Primera etapa:

Del buzón a las oficinas de Aéropostale, donde trabajan cientos de empleados, entre pilotos, jefes de base, mecánicos, personas encargadas de las maniobras, oficiales, radio operadores...

La carta debe viajar, con muchas otras, en un vuelo nocturno: los vuelos de día son para pasajeros, los nocturnos son para carga y correo.

La empresa tiene alrededor de 200 aviones de distintos modelos y 10 hidroaviones para aterrizar en el agua, es decir, amerizar.

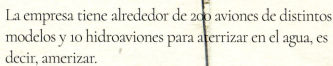

Como estamos en 1930, el avión que lleva tu carta tal vez sea un Dorand AR-1. Más adelante, cuando haya llegado a América, el sobre viajará hasta la Patagonia en un hidroavión, quizás un Latham 43.

¿No se mojará tu carta paseando por el mundo entero en aviones tan desabrigados? Sabemos que irá en grandes bolsas impermeables, pero de todas maneras las tormentas pueden ser realmente tormentosas e inundar la bodega de estas naves que hoy en día parecen de juguete y que, sin embargo, fueron portentosas en su momento.

Segunda etapa:

Una vez tu carta llega en avión a América del Sur, las hazañas continúan: hay que recorrer miles de kilómetros a pie, a caballo, a lomo de mula, en bote. Los accidentes son frecuentes. Tienes que desearle mucha suerte a la carta que tu amigo Antoine te mandó, para que algún día te llegue a la orilla del río donde vives, allá en la Patagonia.

 Te invitamos a averiguar mucho más sobre los primeros años de la aviación y del correo aéreo. Te anticipamos que entre Francia y Argentina se hacían por lo menos 300 vuelos al año, equivalentes a tres millones y medio de kilómetros. En estos vuelos transatlánticos viajaban aproximadamente 32 millones de cartas. Parecen demasiadas pero, para ese momento, la Tierra tenía dos mil quinientos millones de habitantes. Les gustaba comunicarse, ¿no es cierto?

Uno de los mayores honores que ha recibido Saint-Exupéry, es la publicación de muchas estampillas con su figura o con imágenes de *El Principito*.

43

La amistad

Consuelo Suncín-Sandoval Zeceña, la esposa de Saint-Exupéry, cuenta que *El Principito* iba a ser dedicado a ella. A última hora, el autor cambió de idea para homenajear a León Werth, su amigo judío, atrapado en Francia por los nazis. Los tiempos de guerra y la falta de comunicación alejaban las amistades y nadie sabía cómo ni dónde estaban los demás durante años. El autor seguramente creía que su amigo estaba muerto, herido o atrapado en algún campo de concentración. Por eso no dudó en dedicarle su hermoso libro. Antes de la publicación de *El Principito*, dedicado a León Werth, el autor escribió otro libro para su amigo judío: *Carta a un rehén*.

"A LEÓN WERTH

Pido perdón a los niños por dedicar este libro a una persona mayor. Tengo una excusa seria: esta persona mayor es el mejor amigo que tengo en el mundo. Tengo una excusa más: esta persona mayor puede comprender todo, hasta los libros para niños. Tengo una tercera excusa: esta persona vive en Francia y pasa hambre y frío. Tiene una gran necesidad de consuelo. Pero por si todas estas excusas no bastaran, quisiera dedicar este libro al niño que él fue alguna vez. Porque todas las personas mayores han sido niños antes. (Aunque pocas lo recuerden.) Así que corrijo mi dedicatoria:

A LEÓN WERTH, CUANDO ERA NIÑO "

Además de Consuelo, el gran amor de su vida, Antoine de Saint-Exupéry tuvo grandes amigos, muchos romances y un profundo cariño por su madre y sus hermanos.

La época en que vivió era de gran intensidad artística y bohemia en París. En las fiestas, que duraban noches y días, participaban los pintores y escritores más afamados, como Picasso, Dalí, André Gide y François Mauriac. Todo era divertido y ruidoso. Ni siquiera las dos guerras mundiales adormecieron a estos amigos, que cambiaron la historia del mundo.

Guillaumet y Mermoz fueron dos grandes amigos que tuvo Saint-Exupéry. Volaron juntos en África en 1927, y en 1929 viajaron juntos a América del Sur, a descubrir un universo nuevo para ellos y a empezar servicios de correo aéreo hasta ahora desconocidos en este continente.

En algunas de sus novelas, Saint-Exupéry narra experiencias vividas a su lado. Por ejemplo, cuando Guillaumet desapareció en la cordillera de los Andes y su amigo lo buscó durante cinco días. Todos lo daban por muerto, sin embargo, sobrevivió al accidente y Saint-Exupéry lo rescató.

Así como en su niñez el pequeño Antoine sufrió con la muerte de su amado hermano, ya de adulto tuvo que despedirse de sus dos amigos. En 1936, Mermoz desapareció durante un vuelo entre África y América del Sur. En 1940, Guillaumet murió durante la Segunda Guerra Mundial.

Los accidentes

Según el *Diccionario de la Real Academia Española de la Lengua*, valentía es un "Hecho o hazaña heroica ejecutada con valor". Pues bien, Antoine de Saint-Exupéry realizó acciones osadas en su carrera de aviador. Y claro, en medio de sus hazañas, también sufrió varios accidentes, algunos, según dicen, debido a su distracción. Tal parece que mientras volaba los aviones, su imaginación volaba también hacia los libros que escribía. Así que los accidentes bien pudieron ser por culpa del mal tiempo, de fallas mecánicas… o del piloto mismo, que no se concentraba en manejar como era debido.

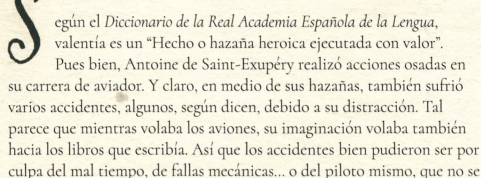

> —Todo lo que toco, lo devuelvo a la tierra de donde salió —dijo entonces—. Pero tú eres puro y vienes de una estrella…
>
> El Principito no respondió nada.
>
> —Me das lástima, tan frágil, sobre esta Tierra de granito. Yo puedo ayudarte un día si extrañas mucho tu planeta. Yo puedo…
>
> —¡Oh! Ya te entendí —dijo el Principito—, pero ¿por qué hablas así, con enigmas?
>
> —Yo los resuelvo todos —dijo la Serpiente.
>
> Y los dos callaron.

Parece mentira que alguien haya tenido muchos accidentes aéreos y los haya sobrevivido. Fueron tantos los que sufrió Saint-Exupéry, que su cuerpo quedó muy maltrecho. Por eso, cuando se ponía el uniforme para subirse al avión, lo tenían que ayudar a vestirse. Cada movimiento era una tortura para él.

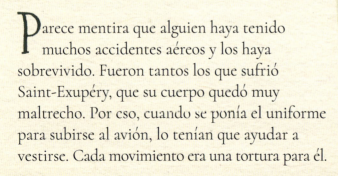

Mientras hacía el servicio militar, en 1921, recién graduado, en uno de sus primeros vuelos sin acompañante, Saint-Exupéry se distrajo y al aterrizar su avión se incendió. El piloto se salvó y desde entonces sus compañeros lo llamaron "Pique de lune", algo así como "El que vive en la luna".

La terquedad de Saint-Exupéry parecía no tener límite. Un día, en 1923, tuvo su primer accidente grave en un Hanriot HD-14: no murió, pero sufrió una fractura de cráneo. Como castigo, fue desmovilizado del servicio militar por no tener licencia para manejar ese modelo de avión y porque los técnicos determinaron que el accidente fue producto de un "error humano". Una vez más, se distrajo pensando en la luna y las estrellas.

En 1933, probando un hidroavión en Francia, cayó en el mar y casi muere ahogado. Desde entonces, le prohibieron ser piloto de pruebas. Por lo visto, ya tenía fama de romper aviones.

El accidente más famoso, porque dio origen a *El Principito*, fue en 1935. Ese año compró un Simoun C 630 y se inscribió en la carrera París–Saigón. De nuevo cometió un "error humano": prefirió cargar la nave con gasolina adicional, sacrificando los instrumentos de navegación. Como consecuencia, el avión se estrelló en el desierto, porque su piloto no supo calcular la altura.

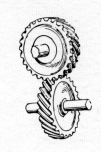

Saint-Exupéry y el mecánico que lo acompañaba, Prévot, deambularon por el desierto del Sahara durante tres días. Ya moribundos debido a la deshidratación, fueron rescatados por una caravana de beduinos que pasaba por ahí.

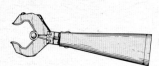

A Saint-Exupéry le gustaban los concursos de aviación, no sólo por el espíritu competitivo sino porque podía ganar mucho dinero. En 1938 se inscribió en la carrera Nueva York–Tierra de Fuego. ¡Tenía que atravesar toda América, de Norte a Sur! En Guatemala, aterrizó para llenar el tanque de gasolina. Y, claro, como era su costumbre, se distrajo. Cargó más combustible de la cuenta y, al intentar el decolaje, el avión se estrelló contra la pista. Prévot, su acompañante, apenas sufrió unos rasguños, mientras que las fracturas de Saint-Exupéry fueron tan graves que pasó varios meses hospitalizado.

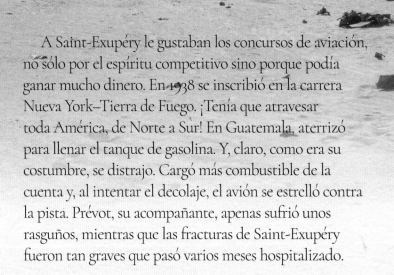

En julio 31 de 1944, en plena Segunda Guerra Mundial, Saint-Exupéry hizo su último vuelo en un Lockheed Lightning P-38 de doble fuselaje a una velocidad de 700 km/hora. Se trataba de una misión militar de reconocimiento. Debía tomar fotografías sobre Grenoble.

    Saint-Exupéry disponía de gasolina para seis horas. Decoló a las 8:45 de la mañana. Hasta ahora, no ha regresado. Hace pocos años, la pulsera con su nombre y el de su esposa, Consuelo, fue encontrada en el fondo del mar, cerca de Marsella. El misterio de lo que le sucedió aún no se resuelve. Su madre lo esperó durante años, convencida de que no había muerto.

    Nosotros aún lo esperamos.

Honores recibidos por Saint-Exupéry... y por *El Principito*

Tal vez el mayor honor recibido, tanto por Antoine de Saint-Exupéry y por su más bello personaje, el Principito, es la permanente lectura de este libro. Ha sido traducido a muchísimos idiomas, se han hecho películas, adaptaciones, estampillas, exposiciones, estatuas, rompecabezas, canciones...

Cuando estaba en el colegio, Antoine de Saint-Exupéry no era muy buen estudiante. Pero, a la hora de escribir narraciones, era de los mejores. En 1914, es decir cuando tenía 14 años, le dieron su primer premio de literatura.

Para que admires a Saint-Exupéry tanto como nosotros, te contamos sobre los honores que lleva años recibiendo.

En 1930, le otorgaron la orden de Caballero de la Legión de Honor por su valentía en el desierto del Sahara, cuando su misión era rescatar pilotos franceses perdidos o retenidos por los beduinos.

En 1932, publicó el libro *Vuelo de noche*. Fue tan bien aceptado por los lectores y la crítica, que le entregaron el Premio Femina, en Francia. Luego fue traducido al inglés y publicado en Inglaterra y en Estados Unidos. El mejor de los premios lo recibió cuando la productora Metro–Goldwin–Mayer se interesó en la historia y filmó una película en 1974, tan exitosa como el libro.

En 1939, Saint-Exupéry recibió el título de Oficial de la Legión de Honor por su aporte a la literatura. Ya no se trataba de un título militar. Se había convertido en un verdadero escritor, admirado en varios países.

Ese mismo año, tras la publicación de su novela *Tierra de hombres*, recibió el Gran Premio de la Academia Francesa. Este libro también fue premiado en Alemania, con el Premio Nacional.

Cada premio recibido era celebrado por Saint-Exupéry, por su esposa Consuelo, por sus compañeros de aviación y por sus amigos artistas con grandes banquetes. Las fiestas eran muy concurridas y duraban días.

Lamentablemente, todas ellas terminaron, pero los homenajes a Antoine de Saint-Exupéry y a *El Principito* continúan. Este libro es uno, entre tantos.

¿Cómo crees que Antoine de Saint-Exupéry se presentaba?, ¿como aviador o como famoso novelista? En realidad, es imposible separar al uno del otro: los libros sobre aviación, incluyendo *El Principito*, no habrían sido posibles sin el experimentado piloto. A su vez, el piloto posiblemente no habría pasado a la historia sin sus libros.

Aparte de *El Principito*, el libro más famoso del autor, te recomendamos sobrevolar el mundo en los siguientes títulos:

- *Correo Sur* – 1928
- *Vuelo nocturno* – 1931
- *Tierra de hombres* – 1939
- *Piloto de guerra* – 1942
- *Carta a un rehén* – 1943
- Además, al desaparecer, Saint-Exupéry dejó un libro sin terminar: *Ciudadela*.

Sus artículos y cartas se siguen leyendo. Algunos sólo se pueden encontrar en bibliotecas francesas o en los archivos de los descendientes y herederos. Otros aparecen publicados en la red. Si quieres ver muchísimas fotos de la vida y obra del autor de *El Principito*, sólo tienes que navegar por su página oficial:

http://www.antoinedesaintexupery.com/

Los textos están en francés. Si no conoces esa lengua, puedes asomarte a las imágenes.

Un dato curioso: en las publicaciones de Gallimard, su casa editorial de siempre en Francia, todos los libros de Saint-Exupéry llevan una hélice como insignia.

Sobrevuelo por los lugares donde vivió Saint-Exupéry...

Antoine de Saint-Exupéry vivió pocos años, sólo 44. Sin embargo, este corto tiempo le alcanzó para residir en muchas partes. Fue un gran aventurero, que pasaba de Europa a África, de allí a América del Sur, regresaba a Europa, se iba a América del Norte, volvía a Europa... Uf, ¿jamás se cansaría de las mudanzas?

Créditos de las imágenes

La infancia de Antoine de Saint-Exupéry (10-13)

iStock: libros, avión, máscaras de teatro. **Gettyimages:** misil, personajes de teatro. **Openclipart:** caballo, niño en pupitre, niño con periódico, aviones, bicicleta. **Freevector:** marco, cámara fotográfica.

Castillo de Saint Maurice: Benoît Prieur / Wikimedia Commons / CC BY-SA 4.0 https://commons.wikimedia.org/wiki/File:Saint-Maurice-de-R%C3%A9mens_-_juillet_2014_(2).JPG

Luis IV de Francia: *Louis XIV of France,* Juste d'Egmont, commons.wikimedia.org/wiki/File:Louis_XIV_by_Juste_d'Egmont.jpg

Carabina: Westley Richards' cavalry carbine, British Library, https://commons.wikimedia.org/wiki/File:Cavalry_carbine,_1865_-_BL_Foster_994.jpg

Fotograma de *Le voyage dans la lune*: George Méliès https://commons.wikimedia.org/wiki/File:Melies_color_Voyage_dans_la_lune.jpg

Asteroides (14-15)

Freepik: Luna, Tierra, cohete y estrellas; satélite y cohetes; lanzamiento de cohete. **iStock:** cometa.

El cielo estrellado (16-17)

iStock: cometa, estrellas, barco y monstruo marino. **Vecteezy:** brújula. **Openclipart:** Luna. **Freevector:** Constelaciones.

Mapa de Tierra del Fuego: Janssonius https://commons.wikimedia.org/wiki/File:Janssonius_Magellanica_1657.jpg

París, 1900 (18-19)

Le Château d'eau and plaza, **Exposition Universal, 1900, Paris, France**: Library of Congress. https://commons.wikimedia.org/wiki/File:Le_Chateau_d%27eau_and_plaza,_Exposition_Universal,_1900,_Paris,_France.jpg

Freepik: bicicleta y torre Eiffel. **Pixabay:** farol. **Openclipart:** telégrafo, fonógrafo, bombillo, cámara de cine.

Volar (20-23)

Pixabay: máquinas de volar, globos y paracaídas. **Openclipart:** avión.

Diseño de máquina voladora: Leonardo da Vinci. https://commons.wikimedia.org/wiki/File:Design_for_a_Flying_Machine.jpg

Tarjeta coleccionable sobre eventos históricos de globos y paracaídas: N°. 2 – *Les utopies de la navigation aérienne au siècle dernier*. Paris : Romanet & cie., imp. edit., [between 1890 and 1900]. Exhibida en: "The Dream of Flight" : American Treasures of the Library of Congress, 2003-04. Library of Congress. https://en.wikipedia.org/wiki/File:Early_flight_02561u_(2).jpg.

Globo a color: Claude Louis Desrais, The first manned hot-air balloon, designed by the Montgolfier brothers, takes tethered off at the garden of the Reveillon workshop, Paris, on October 19, 1783. https://commons.wikimedia.org/wiki/File:Montgolfier_brothers_flight.jpg

Retrato de Sophie Blanchard: Library of Congress https://en.wikipedia.org/wiki/File:Blanchardballoon3.jpg

Máquina de volar de Blanchard: Autor desconocido. https://commons.wikimedia.org/wiki/File:PSM_V58_D629_Blanchard_flying_machine.png

Planos de avión diseñado por los hermanos Wright: Library of Congress https://commons.wikimedia.org/wiki/File:Wright_brothers_patent_plans_1908.jpg

Wilbur y Orville Wright: Library of Congress https://commons.wikimedia.org/wiki/File:Orville_Wright_1905-crop.jpg https://commons.wikimedia.org/wiki/File:Wilbur_Wright-crop.jpg

Alberto Santos Dumond: Jules Beau https://commons.wikimedia.org/wiki/File:14-bis_de_Alberto_Santos_Dumont.jpg

Aviones en el siglo XX (24-27)

Freevectormap: mapa de Europa. **Openclipart:** globo y paracaídas.

Ilustración de Blériot atravesando el canal de la Mancha: Blériot traversant la Manche le 25 Juillet 1909, Ernest Montaut. https://commons.wikimedia.org/wiki/File:Ernest_Montaut19.jpg

Afiche conmemorativo del viaje de Blériot de Dover a Calais: Inscripción: La traversée du Pas-de-Calais en aéroplane. Blériot atterit sur la falaise de Douvres. https://commons.wikimedia.org/wiki/File:Louis_Bl%C3%A9riot_1909.JPG

Los mapas (28-29)

Openclipart: mapa del tesoro.

Planisphærium cœleste: carta celeste de 1670, hecha por Frederik de Wit. https://commons.wikimedia.org/wiki/File:Planisph%C3%A6ri_c%C5%93leste.jpg

El desierto (30-33)

Openclipart: palmeras. **Freevectormap:** mapa de África. **Stockvaul.net:** fondo de la fotografía de Antoine de Saint-Exupéry.

Beduinos: Holger Reineccius https://commons.wikimedia.org/wiki/File:Bilma-Salzkarawane1.jpg

Palma de coco: https://commons.wikimedia.org/wiki/File:Fotg_cocoa_d031_the_coco_nut_palm.png

Oasis: *Oasis in the Desert. Autor desconocido.* Anton Ligeti. Magyar Nemzeti Galéria. https://commons.wikimedia.org/wiki/File:Ligeti,_Antal_-_Oasis_in_the_Desert_(1862).jpg

Accidente de Antoine de Saint-Exupéry: Saint-Exupéry/André Prévot. https://commons.wikimedia.org/wiki/File:Sahara_Crash_-1935-_copyright_free_in_Egypt_3634_StEx_1_-cropped.jpg

Chismes americanos (34-37)

Openclipart: Cupido, marco.

Fotografia de Consuelo Suncín Sandoval de Saint-Exupéry: tomada en Armenia, El Salvador. https://commons.wikimedia.org/wiki/File:Consuelodesaintexupery.jpg

Las cartas (38-43)

Freevectormap: mapas de Argentina y Europa. **Vecteezy:** plumas antiguas. **iStock:** avión, sobre, estampilla, sellos postales, pluma y tintero, manchas de tinta, telegrama, sobre con avión. **Gettyimages:** flores secas, pájaro con carta, sacos de correo. **Openclipart:** buzón de correo.

Foto de aviador: Sir Charles Kingsford Smith. *Herald Sun.* Feature Service. National Library of Australia. https://commons.wikimedia.org/wiki/File:Portrait_of_aviator_Sir_Charles_Kingsford_Smith,_ca._1930_-_Herald_Sun_Feature_Service,_Melbourne_(15314953702).jpg

Latham 43 HB3: https://commons.wikimedia.org/wiki/File:Latham_43_HB3_MDLot.jpg

Mula de carga: https://commons.wikimedia.org/wiki/File:A_large_mule_carrying_a_heavy_load._Etching_by_J._E._Ridinge_Wellcome_V0021152ER.jpg

Patagonia: Reports of the Princeton University Expeditions to Patagonia, 1896-1899. J. B. Hatcher in charge. Edited by William B. Scott. https://commons.wikimedia.org/wiki/File:Reports_of_the_Princeton_University_Expeditions_to_Patagonia,_1896-1899_BHL12761406.jpg

La amistad (44-45)

Pixabay: soldados frente a la torre Eiffel. **Openclipart:** arco del Triunfo.

André Gide: https://commons.wikimedia.org/wiki/File:Andr%-C3%A9_Gide.jpg

Salvador Dalí: Carl van Vechten, Library of Congress, https://commons.wikimedia.org/wiki/File:Salvador_Dal%-C3%AD_1939.jpg

Pablo Picasso: https://commons.wikimedia.org/wiki/File:Pablo_Picasso,_summer_1912.jpg

Los accidentes (46-47)

Pixabay: Partes mecánicas. **Publicdomainimages:** mar.

Foto de accidente de avión: U.S. Air Force. https://commons.wikimedia.org/wiki/File:0000050606-F-1234P-014.jpg

Vasco, Irene, 1952-

Expedición El Principito / Irene Vasco ; ilustrador Daniel Gómez Henao. -- Bogotá : Penguin Random House Grupo Editorial, 2018.

56 páginas : ilustraciones ; 21 cm.

1. Saint-Exupéry, Antoine de, 1900-1944. Principito

2. Cuentos infantiles colombianos 3. Amor - Cuentos infantiles

4. Amistad - Cuentos infantiles 5. Valores (Filosofía) - Cuentos infantiles I. Gómez Henao, Daniel, ilustrador II. Tít.

I863.6 cd 21 ed.

A1592336

CEP-Banco de la República-Biblioteca Luis Ángel Arango

Expedición El Principito
Primera edición: mayo, 2018
Primera reimpresión: octubre, 2022
Segunda reimpresión: febrero, 2025

© 2018, Irene Vasco
© 2018, de la presente edición en castellano para todo el mundo:
© 2018, Penguin Random House Grupo Editorial, S. A. S.
Carrera 7ª No.75-51. Piso 7, Bogotá, D. C., Colombia
PBX: (57-601) 743-0700

© 2018, Daniel Gómez Henao por las ilustraciones
© Ilustraciones de *El Principito*: Antoine de Saint-Exupéry

Diseño de cubierta y páginas interiores: Patricia Martínez Linares

Las citas fueron tomadas de *El Principito*, Sudamericana, 2015. Traducción de Leopoldo Brizuela.

Penguin Random House Grupo Editorial apoya la protección de la propiedad intelectual y el derecho de autor. El derecho de autor estimula la creatividad, defiende la diversidad en el ámbito de las ideas y el conocimiento, promueve la libre expresión y favorece una cultura viva. Gracias por comprar una edición autorizada de este libro y por respetar las leyes del derecho de autor al no reproducir, escanear ni distribuir ninguna parte de esta obra por ningún medio sin permiso previo y expreso. Al hacerlo está respaldando a los autores y permitiendo que PRHGE continúe publicando libros para todos los lectores. Por favor, tenga en cuenta que ninguna parte de este libro puede usarse ni reproducirse, de ninguna manera, con el propósito de entrenar tecnologías o sistemas de inteligencia artificial ni de minería de datos.

Impreso en Colombia-*Printed in Colombia*

ISBN: 978-958-5429-06-2

Compuesto en Cormorant y Mountains of Christmas

Impreso por Editorial Nomos, S.A.